Como identificar o seu "eu" financeiro

Copyright 2012 by Reinaldo Domingos

Direção editorial: Simone Paulino
Projeto gráfico e diagramação: Terra Design Gráfico
Editora-assistente: Silvia Martinelli
Redação: Erika Mazon
Revisão: Assertiva Produções Editoriais
Impressão: Intergraf Ind. Gráfica Ltda.

Todos os direitos desta edição são reservados à
DSOP Educação Financeira Ltda.
Av. Paulista, 726 – cj. 1210 – 12º andar
Bela Vista – CEP 01310-910 – São Paulo – SP
Tel.: 11 3177-7800 – Fax: 11 3177-7803
www.dsop.com.br

Dados Internacionais de Catalogação na Publicação (CIP)
(Câmara Brasileira do Livro, SP, Brasil)

Domingos, Reinaldo
 Como identificar seu "eu" financeiro / Reinaldo
Domingos ; redação Erika Mazon. -- São Paulo :
DSOP Educação Financeira, 2012. -- (Coleção
dinheiro sem segredo ; v. 2)

ISBN 978-85-63680-68-6

1. Dinheiro 2. Finanças 3. Finanças pessoais
4. Finanças pessoais - Planejamento 5. Orçamento
I. Mazon, Erika . II. Título. III. Série.

12-15154 CDD-332.6

Índices para catálogo sistemático:

1. Educação financeira : Economia 332.6

DINHEIRO SEM SEGREDO

VOLUME **2**

Como identificar o seu "eu" financeiro

REINALDO DOMINGOS

dsop

Sumário

Apresentação 8

Conscientização é a palavra-chave

Tome as rédeas da sua vida financeira 13

Resista aos apelos consumistas 16

O diagnóstico do desequilíbrio 20

O caminho do seu dinheiro

Relacione os seus ganhos 27

Observe seu comportamento financeiro 31

Anote todas as suas despesas 35

Não tema a sua verdade financeira 37

Aprenda a ler os extratos bancários 41

Em busca do equilíbrio

Compartilhe a sua experiência 47

Corte os pequenos gastos 51

Identifique seu padrão de vida 53

Consumo consciente 55

O mapa da mina

Considere sempre a sua realidade 63

Reavalie o seu trabalho 66

Preparado para o futuro 70

DSOP Educação Financeira 72

Reinaldo Domingos 74

Apresentação

A Coleção **Dinheiro sem Segredo** foi especialmente desenvolvida para ajudar você e muitos outros brasileiros a conquistar a tão sonhada independência financeira.

Nos 12 fascículos que compõem a Coleção, o professor, educador e terapeuta financeiro Reinaldo Domingos oferece todas as orientações necessárias e apresenta uma série de conhecimentos de fácil aplicação, para que você possa adotar em sua vida a fim de equilibrar suas finanças pessoais.

Questões como a caminhada para sair das dívidas, a realização de sonhos materiais como a compra da casa própria e a melhor forma de preparar uma aposentadoria são abordadas numa leitura fácil, saborosa e reflexiva.

Os fascículos trazem dicas de como lidar com empréstimos, cheques especiais, cartões de crédito e financiamentos, todas elas embasadas numa metodologia própria, que já ajudou milhares de brasileiros a ter uma vida financeira melhor e a realizar seus sonhos.

Observador e atento, Reinaldo faz uso de tudo o que ouve em seu dia a dia como educador e consultor financeiro para explicar o que se deve ou não fazer quando o assunto é finanças. As dicas e ensinamentos que constam nos fascículos são embasados pela Metodologia DSOP, um método de ensino desenvolvido pelo autor que consiste em diagnosticar gastos, priorizar sonhos, planejar o orçamento e poupar rendimentos.

Conscientização é a palavra-chave

Tome as rédeas da sua vida financeira.

Resista aos apelos consumistas.

O diagnóstico do desequilíbrio.

Tome as rédeas da sua vida financeira

Vivemos uma época em que "ter" é mais valorizado do que "ser". Hoje, grande parte das pessoas compromete ou corre o risco de comprometer o orçamento doméstico e até se perder em dívidas somente para manter as aparências ou por não resistir aos apelos de consumo.

No Brasil, essa realidade está refletida em nossa economia: enquanto o Produto Interno Bruto (PIB) mundial cresceu em torno de 28%, entre os anos de 2000 e 2010, o País ampliou as suas riquezas, no mesmo período, em 42%. E a grande expansão ocorreu por conta do aumento do consumo, principalmente por parte da classe média, que também cresceu. Assim, do total do PIB, 64% corresponde ao consumo das famílias, que, em dez anos, aumentou 45%.

Produtos que antes eram apenas desejados passaram a fazer parte do dia a dia das pessoas. São bens duráveis, como eletroeletrônicos, eletrodomésticos e veículos, comprados principalmente a crédito. Da mesma forma, alguns gastos com serviços também passaram a existir, como acesso a internet, TV por assinatura, telefone celular, saúde e cuidados pessoais e com educação.

Além disso, com um patamar de renda mais elevado, a classe média brasileira começou a viajar mais, e de avião, além de fazer cruzeiros marítimos. Os novos consumidores passaram ainda a comprar pacotes de viagens nacionais e internacionais por conta do barateamento do custo das viagens e das oportunidades de parcelamento.

Diante dessa avalanche de consumo, nunca foi tão necessário e importante assegurar o equilíbrio financeiro para garantir a realização de grandes sonhos, um futuro tranquilo e uma velhice sem precisar depender de ninguém. Isso exige disciplina e planejamento, mas o processo é mais simples do que você imagina. Basta descobrir o que eu chamo do seu "eu" financeiro, ou seja, tomar consciência do lugar onde você está e onde deseja chegar financeiramente e, principalmente, se dispor a mudar alguns comportamentos em relação ao dinheiro. É preciso despertar e fugir da armadilha de passar a vida consumindo de maneira desenfreada e impulsiva.

Minhas ideias para que você consiga isso fazem parte de algo concreto que eu aprendi e aplico – com excelentes resultados – em minha vida. Percebi ao longo da minha carreira como educador e terapeuta financeiro que a educação financeira não é apenas um trabalho de transmitir conhecimento, mas de entender e analisar as pessoas, pois o comportamento faz parte do processo de mudança.

Também constatei que o ser humano tem dificuldade para evoluir em sua situação financeira, principalmente

Conscientização é a palavra-chave

pela falta de disciplina para poupar parte do que ganha. Para muitas pessoas, é difícil guardar dinheiro simplesmente porque elas não foram criadas com o hábito de controlar os próprios gastos. Essa cultura de não poupar está impregnada em todos nós até mesmo como uma herança dos contos de fadas.

Afinal, quem nunca ouviu a história de Cinderela, filha de um fidalgo muito rico que, ao ficar viúvo e se casar novamente com uma mulher gastona, perdeu todo o seu patrimônio e deixou a filha desamparada financeiramente? A pobre gata borralheira passou a ter de fazer todas as tarefas na casa da madrasta e levava uma vida solitária e triste.

Outra personagem na mesma linha é Branca de Neve, que ficou sozinha no mundo depois de perder o pai que a sustentava e, sem ter como se manter, foi parar na casa dos sete anões, onde passava, lavava e cozinhava em troca de um teto. No final, as duas personagens se casam com príncipes maravilhosos e vivem felizes para sempre. Mas, na vida real, é sempre bom lembrar, príncipes encantados não existem!

Resista aos apelos consumistas

Você sabia que a maioria dos brasileiros compra por impulso? Segundo dados de uma consultoria especializada, as compras por impulso representam quase 10% do faturamento do varejo no País.

Isso porque a maior parte das decisões de consumo é feita de forma emocional. Ou você acha que é à toa que toda vez que tentam nos vender um produto, ele está acompanhado de promoções e campanhas estreladas por gente bonita, perfeita e feliz, sempre com frases de efeito e música de fundo?

Propagandas de todo tipo acabam ditando como devemos decorar a casa ou amarrar o lenço no pescoço, qual a cor da roupa que devemos vestir nessa ou naquela estação, que produtos devemos passar no rosto para a pele ficar linda.

Enfim, são tantos os apelos que é comum nos pegarmos debaixo do chuveiro assoviando a musiquinha da propaganda de refrigerante ou da loja de colchões.

E, ainda que às vezes sejamos tomados pela consciência de que não devemos gastar com determinado produto, surgem mais facilidades para nos convencer do contrário, como crédito a perder de vista, parcelamentos em valores que cabem no bolso, etc. E acabamos quase sempre nos sentindo tão especiais como consumidores, tão seduzidos, que, no final, nos rendemos e compramos.

O curioso é que quase todo mundo tem uma boa desculpa para isso. Há quem defenda que, por trabalhar demais, merece usar o dinheiro para satisfazer todos os pequenos desejos imediatos. E sai comprando. Outros vão mais longe: gastam tudo o que têm, pensando "Vai que eu morro amanhã...".

Argumentos desse tipo são usados tanto por pessoas que recebem baixos salários como aqueles que têm altos rendimentos. Quem ganha pouco diz que não vale a pena se preocupar em controlar o dinheiro e que o jeito é viver um dia depois do outro. Quem ganha muito alega que, por isso mesmo, não tem com o que se preocupar e o melhor a fazer é viver intensamente o dia de hoje.

Com a experiência que tenho acumulado nestes anos, é meu dever informar que as duas justificativas estão equivocadas, pois o sucesso financeiro não depende do quanto se ganha, mas da forma como lidamos com os nossos rendimentos.

As ações e escolhas que fazemos determinam o nosso "eu" financeiro. Pois bem, o processo de conscientização para alcançar o equilíbrio financeiro envolve várias etapas, que podem ser resumidas em uma palavra: diagnosticar, ou seja, identificar a situação real de suas finanças.

Para isso, o primeiro passo é anotar diariamente, durante um mês, todos os seus gastos, incluindo as pequenas despesas, como a compra de um cafezinho. Com as cifras em mãos, é possível avaliar seu comportamento em relação ao consumo e, a partir de uma análise minuciosa, adotar novas atitudes.

Vivemos em uma sociedade altamente consumista, perseguidos pelas frequentes mensagens de "compre, compre, compre" e, muitas vezes, não resistimos aos apelos.

No entanto, ao anotar os gastos e depois analisar cada um deles, percebemos várias compras que poderiam ter sido evitadas, feitas apenas na tentativa de uma satisfação emocional imediata, por compensação ou culpa – e não porque o produto era mesmo necessário.

Um exemplo dessa situação é ultrapassar o limite do cheque especial ou contrair uma dívida no cartão de crédito para comprar uma bicicleta para o filho, na tentativa de compensar o pouco tempo que você tem para passar com ele. Ou "se dar de presente" um vestido caro para chamar a atenção do parceiro que anda desatento. Essas são armadilhas que, além de não resolverem os problemas, ainda aumentam o motivo de preocupação com uma dívida a ser quitada. Afinal, você pode tentar rearranjar seus horários para ficar mais tempo com os filhos ou dar a eles toda a atenção e o carinho quando puder estar com eles. Garanto que gostarão mais disso do que da bicicleta.

Quanto à falta de atenção do parceiro, em vez de compensar isso consumindo, o melhor é conversar, se abrir, discutir o que está acontecendo para, juntos, chegarem a um entendimento.

O diagnóstico do desequilíbrio

Gosto de usar a palavra "diagnóstico" quando se trata da área financeira porque o seu significado mais comum é "conhecer as doenças pelos sintomas que elas apresentam". Explico: depois de muitos anos observando a forma como cada um se comporta em relação ao dinheiro, acredito mesmo que o desequilíbrio financeiro seja uma espécie de epidemia, que afeta as pessoas em diferentes níveis.

Alguns sofrem mais levemente os sintomas, ou seja, de vez em quando se desequilibram financeiramente, gastam além da conta, mas conseguem sair do aperto e voltar à normalidade. É o caso, por exemplo, de alguém que está extremamente infeliz no trabalho e, para compensar essa insatisfação, faz compras diariamente durante o intervalo do almoço: um dia um vestido, no outro um sapato, no outro uma bolsa e um relógio.

Depois de um tempo, os carnês, as parcelas do cartão de crédito, os cheques pré-datados ficam tão acumulados que o salário passa a ser insuficiente para cobrir todas as despesas básicas do mês (aluguel, condomínio, etc.) e ainda arcar com os resultados do descontrole. Nesse exemplo, no entanto, o consumidor momentaneamente compulsivo consegue sair do aperto: pede dinheiro emprestado a um amigo ou ao banco, quita os compromissos, passa a controlar os gastos e paga o empréstimo de forma parcelada.

Outras pessoas sofrem sintomas mais graves da tal epidemia do desequilíbrio financeiro: gastam o que ganham. Sempre! Quem não conhece alguém assim? Costuma-se dizer que "vivem mal das pernas", justamente por não conseguirem se equilibrar. Estão sempre "enrolados": em uma época têm um carro, em outra o vendem para pagar dívidas; costumam dever dinheiro para parentes e amigos; compram itens caros e desnecessários enquanto falta dinheiro até mesmo para uma alimentação adequada.

Essa condição pode evoluir para uma fase ainda mais aguda da epidemia, em que as dívidas com cheque especial e cartão de crédito se acumulam e chegam a um nível tal que a pessoa chega realmente à "falência". Nessa situação, ela não apenas não enxerga meios para quitar os seus débitos como ainda tem seu nome inscrito nos cadastros de inadimplentes e corre até o risco de perder os bens materiais que conquistou, como imóvel, veículo, etc.

Uma pesquisa inédita realizada nacionalmente pela administradora do Serviço Central de Proteção ao Crédito (SCPC) desvendou o comportamento do consumidor diante do novo cenário de crédito que, nos últimos cinco anos, se modificou com o ingresso de 35 milhões de pessoas que antes não tinham acesso aos financiamentos.

O levantamento constatou que 45% dos entrevistados da classe C e 48% dos que foram ouvidos das classes D/E afirmam que é difícil quitar suas dívidas, em comparação com 15% da classe A. Também foi apurado que nas classes C e D/E a inadimplência, ou seja, a incapacidade de pagar as dívidas em dia, é maior, 23% e 21%, respectivamente.

Por mais grave que a situação possa parecer, saiba que é possível reverter esse cenário e alcançar o equilíbrio. O primeiro e mais urgente passo para isso, como eu já disse, é o diagnóstico financeiro. Isso porque quanto mais rapidamente você tiver consciência de seu problema, e do tamanho dele, mais cedo poderá encontrar os caminhos para solucioná-lo. Há uma forma eficiente de fazer isso, em etapas. Quer saber quais são elas? Então vamos lá!

O caminho do seu dinheiro

Relacione os seus ganhos.

Observe seu comportamento financeiro.

Anote todas as suas despesas.

Não tema a sua verdade financeira.

Aprenda a ler os extratos bancários.

Relacione os seus ganhos

Nem todo mundo responde com fidelidade à pergunta: "Quanto você ganha?". E não é nem por querer esconder o valor ou por ter vergonha de revelá-lo, mas simplesmente por não saber exatamente qual é essa quantia. Por exemplo, se perguntarmos a uma pessoa com salário bruto mensal de R$ 1.000,00 quanto ela ganha, provavelmente ela responderá: "mil reais".

Mas, se ela trabalha com carteira assinada, a resposta está errada, pois dos "mil reais" é preciso descontar vários itens, como INSS, vale-transporte, vale-alimentação, assistência médica, etc. Assim, o valor que essa pessoa de fato recebe é de aproximadamente R$ 850,00. Esse é o rendimento com o qual ela pode contar.

E não se engane se você acha que os R$ 150,00 de diferença não têm importância. Têm sim! Afinal, representam 15% do valor do salário bruto, o que é bastante em qualquer caso, independentemente do rendimento.

Saber o valor real do seu rendimento mensal é mais relevante do que você imagina. Isso porque, se a pessoa acha que ganha R$ 1.000,00, quando na verdade ganha R$ 850,00, gasta 15% mais do que recebe, pois inconscientemente tem o valor de R$ 1.000,00 como limite. E isso todo mês. Então, imagine o tamanho do buraco ao final de um ano!

Para conquistar e manter o equilíbrio financeiro, repito, é preciso ter consciência dos seus ganhos, do real valor que está disponível para honrar as suas despesas, os compromissos e até os investimentos.

Mas como ter claro esse montante se ele não for fixo? É o caso, por exemplo, de profissionais liberais, autônomos e empresários, que têm rendimentos variáveis.

Esses também precisam registrar tudo o que recebem no decorrer do mês, e até de um ano, se for possível, para descobrir o valor médio das retiradas e, assim, poder programar seus gastos.

Isso porque as pessoas que têm rendimentos variáveis também correm o risco de cair em armadilhas. Além de esquecerem-se de computar em seus rendimentos os descontos com impostos, por exemplo, elas podem desconsiderar outras despesas típicas dos autônomos, como transporte (combustível, desgaste do veículo), alimentação, gastos com contador, entre outros.

De início, recomendo que você identifique o seu rendimento mensal, incluindo salário, comissões ou bônus, se houver. Sugiro que você anote este e outros exercícios deste fascículo em um caderno reservado somente para isso.

EXERCÍCIO DE RENDIMENTO MENSAL	VALOR (R$)
A - Rendimento bruto (salários, comissões, bônus)	
B - Descontos diversos (INSS, IRRF, outros)	
C = (A-B) RENDIMENTO LÍQUIDO MENSAL	

Depois de preencher o quadro com o levantamento mensal, você deve calcular os rendimentos anuais, nesse caso incluindo férias e 13º salário, se tiver, ou bônus, comissões, participação nos lucros e resultados e outros, se for o caso. Veja o modelo:

EXERCÍCIO DE RENDIMENTO ANUAL	VALOR (R$)
A - Rendimento bruto (salários, comissões, bônus)	
B - Outras receitas (férias, 13º salário, outros)	
C - Descontos diversos (INSS, IRRF, outros)	
D = (A+B-C) RENDIMENTO LÍQUIDO ANUAL	

Com esses dois exercícios você saberá exatamente os seus rendimentos mensal e anual. Muita gente se surpreende ao preencher os quadros, pois, mesmo achando que o salário mensal é pequeno, quando calculado no decorrer de um ano, ele pode impressionar.

Mas atenção: o preenchimento deve ser fiel. E, se houver estimativas (caso de rendimentos variáveis), elas têm de ser o mais realistas possível. Afinal, se você está disposto a mudar seu comportamento em relação ao dinheiro, não faz sentido tentar se enganar, não é mesmo?

Com os resultados em mãos você pode fazer uma reflexão sobre a sua situação financeira, iniciando um processo de conscientização e controle, que é fundamental para alcançar o equilíbrio de suas finanças.

Observe seu comportamento financeiro

Se eu perguntasse de quanto é o seu gasto mensal, você saberia responder rapidamente? Aposto que não. Digo isso porque graças à minha experiência como educador e terapeuta financeiro, percebo que 90% das pessoas não sabem dizer exatamente quanto gastam.

E sabe por que isso acontece? É que pouca gente tem o hábito de fazer esse tipo de controle. Pelo menos, não de forma exata e minuciosa. Ou seja, algumas até se dispõem a anotar as despesas, mas somente as mais elevadas, como prestação da casa ou aluguel, energia elétrica, água, supermercado, prestação do carro, faculdade, entre outras.

Reconheço que essa já é uma atitude importante para quem deseja organizar sua vida financeira. Esse controle mais geral e amplo é, na verdade, uma amostra de que existe pelo menos uma vontade de saber e controlar os gastos mensais.

Mas é meu dever alertá-lo de que ele não é suficiente. O que poucas pessoas entendem é que não basta apenas relacionar as despesas principais e mais representativas.

O que costumo ver nos atendimentos e nas aulas que ministro é este tipo de controle, que apresento a seguir.

DESPESAS	VALOR (R$)
Água	60,00
Energia elétrica	70,00
Prestação da casa ou aluguel	480,00
Telefone	95,00
Mercado	330,00
Transporte	170,00
Faculdade	450,00
TOTAL DAS DESPESAS	**1.655,00**
Total de receitas	1.800,00
(-) Total de despesas	1.655,00
RESULTADO POSITIVO	**145,00**

Tudo bem fazer esse controle. Afinal, já é alguma coisa. O problema é que ele raramente revela a realidade da situação. Isso porque não basta saber apenas o valor de itens como aluguel ou mensalidade escolar. O que estou dizendo é simples: quem nunca tomou um susto ao abrir a carteira ou consultar a conta bancária e perceber que ela está vazia?

Em geral, acabamos nos perguntando nessas situações: "Onde foi parar meu dinheiro?". Pois eu proponho que você se pergunte isso mais vezes, já que é a única forma de diagnosticar com precisão a sua situação financeira. Eu, aliás, me arrisco a responder à sua pergunta: o seu dinheiro se esvai nas pequenas despesas, que quase sempre são esquecidas quando calculamos nossos gastos mensais. Se você tomar um cafezinho por dia no meio da tarde, por exemplo, certamente não vai achar que essa despesa interfere em seu orçamento, correto? Mas supondo que este café custe R$ 3,00 e você o consuma em 25 dias do mês. Ao final do mês, terá gasto R$ 75,00. E, ao final de um ano, R$ 900,00. Agora, imagine fazer essa multiplicação para todas as pequenas despesas do dia a dia que você considera sem importância!

Quando paramos para pensar nisso, muitas vezes nos queixamos de ganhar pouco e de que o nosso dinheiro não dá para nada. Isso pode até ser verdade, ou seja, talvez você realmente mereça ganhar bem mais, mas, convenhamos, se ganhasse 10% mais provavelmente também gastaria 10% mais; se fosse 50% mais, esse também seria o percentual aumentado de suas despesas. E isso simplesmente porque você não tem controle sobre o seu dinheiro, pelo contrário, é ele que acaba controlando a sua vida.

Lembre-se de que o equilíbrio financeiro depende da visão mais ou menos detalhada que você tem de suas receitas e despesas. Se não tiver equilíbrio nas duas pernas, não conseguirá andar. Do mesmo modo, se não tiver equilíbrio entre as receitas e as despesas, não conseguirá sair da situação financeira em que se encontra, seja ela qual for.

A esta altura, você já deve estar convencido da importância de saber qual é a sua real situação financeira, pois só com esse conhecimento poderá enfrentar futuros obstáculos sem grandes traumas ou mesmo aproveitar boas oportunidades que a vida colocar em seu caminho.

Somente isso já seria um ganho significativo. Mas é possível mais: se as suas receitas e despesas estiverem equilibradas, você poderá constituir uma reserva para usar no quê, quando e como quiser! Não acredita? Pois então confira minhas próximas dicas nesse sentido.

Anote todas as suas despesas

Você provavelmente sabe responder de imediato quanto gasta mensalmente com o que considera grandes despesas, como aluguel, faculdade, condomínio, prestações, etc. Mas saberia me informar quanto gasta com as pequenas? Eu citei anteriormente o exemplo do cafezinho e pudemos constatar o quanto ele representa de custo no mês (R$ 75,00) e no ano (R$ 900,00). Mas e os chocolates, os pães de queijo, a gorjeta para o rapaz que ficou cuidando de seu veículo, as despesas com manicure e o custo das baladas? Você tem controle sobre essas despesas?

Minha recomendação é que você comece a fazer esse levantamento para saber exatamente onde vai cada centavo seu. Para isso, anote absolutamente todos os seus gastos diários, de preferência separados por categorias (transporte, alimentação, etc.), da seguinte maneira:

MÊS:			
DIA	VALOR	DESPESA	FORMA DE PAGAMENTO
	R$		
	R$		
	R$		
	R$		
	R$		
TOTAL	R$		

Ao final do dia, mais importante do que saber o valor gasto é identificar com o que você gastou, ou seja, o tipo de despesa que fez. É fundamental que esse quadro seja preenchido diariamente, por 30 dias, caso você tenha rendimentos fixos. Se tiver rendimento variável (no caso de autônomos, profissionais liberais, empresários, entre outros), recomendo que as anotações sejam feitas durante três meses. Assim, você terá a média de gasto por tipo de despesa, o que condiz mais com a sua realidade.

Em princípio, você pode achar que isso é trabalhoso demais, mas, como já dissemos, alcançar o equilíbrio financeiro exige determinação e disposição para mudar os comportamentos. Além do mais, se você chegou até aqui, por que retroceder? Basta dar o próximo passo!

Não tema a sua verdade financeira

Como em qualquer outro aspecto da vida, só é possível resolver os problemas depois que decidimos enfrentá-los. Assim, comece já a anotar cada centavo que gasta no seu "Apontamento de Despesas", distribuído junto com o Volume 1 desta coleção. Se preferir, baixe o modelo disponível no DVD da coleção ou ainda no portal (www.dsop.com.br).

MÊS: Julho		**DESPESA:** Guloseimas
DIA	**VALOR**	**FORMA DE PAGAMENTO**
05	R$ 6,00	Cartão de débito
06	R$ 1,15	Vale-refeição
15	R$ 3,00	Dinheiro
22	R$ 2,85	Cartão de crédito
25	R$ 4,00	Cartão de débito
29	R$ 6,00	Dinheiro
TOTAL	**R$ 23,00**	

Fazer esse levantamento é meio caminho andado para mudar radicalmente o seu jeito de lidar com o dinheiro. Garanto que você ficará surpreso com os gastos que considerava sem importância na soma geral e perceberá, finalmente, aonde vai parar o seu dinheiro.

É que, separando por tipo de despesa, a ideia é perceber os excessos. Depois de 30 dias corridos, você estará com o seu diagnóstico nas mãos e terá a oportunidade de analisar de forma microscópica por onde escorre o seu dinheiro e, principalmente, os cortes que podem ser feitos.

Esse exercício exige questionar hábitos que já estão consolidados, como mascar chiclete e pedir pizza toda semana. Isso é de fato fundamental na sua vida? Você não pode viver sem isso? E o cafezinho do dia a dia, e a sobremesa no restaurante? Você precisa mesmo deles todos os dias? Pense nisso!

De volta ao exercício, para completá-lo preencha também o quadro ao lado, porém seguindo à risca estas determinações:

Faça uma estimativa do valor que gastará por tipo de despesa nos próximos sete dias;

Anote as despesas na hora em que estiver comprando, para garantir que não vai esquecer nenhum item;

Todos os dias ou ao final da semana, compare as despesas que você de fato fez com as estimativas. Novamente, estou certo de que você terá uma surpresa.

O caminho do seu dinheiro

TIPO DE DESPESA	VALOR PREVISTO	VALOR REALIZADO (R$)	DIFERENÇA (R$)
PRIMEIRO DIA			
SEGUNDO DIA			
TERCEIRO DIA			
QUARTO DIA			
QUINTO DIA			
SEXTO DIA			
SÉTIMO DIA			

Diante da constatação do excesso de gastos, pode ser que você fique aborrecido. Mas, se decidir de fato encarar a verdade e mudar seu comportamento, com o tempo você se habituará a tomar nota das despesas e talvez até acabe achando divertido. Se isso ocorrer, já terá sido uma conquista, pois disposição é fundamental para dar sequência ao processo que o levará a tomar as rédeas de sua vida financeira.

Muitas pessoas com quem convivi ao longo da minha carreira de terapeuta financeiro afirmaram que, antes de começar a anotar todas as despesas, não tinham ideia do quanto gastavam sem perceber. Ou que sabiam que gastavam bastante, por exemplo, em guloseimas, mas nunca esperavam que fosse tanto. Só ao ver as cifras, tiveram a real dimensão da situação.

Esse impacto é imediato. Tanto que, com a consciência de quanto cada despesa representa ao final do mês, sem perceber você já pensará duas vezes antes de comprar. Você também vai passar a priorizar as compras e a comprar melhor. Essa sensação vai ficando mais forte conforme as anotações forem evoluindo. Isso porque a mente estará atenta ao apontamento e dará o alerta sobre o quanto já foi gasto em cada categoria. Mas o "Apontamento de Despesas" deve ser preenchido por até 30 dias (para quem tem ganho fixo) e por no máximo 90 dias (para quem tem ganhos variáveis).

Aprenda a ler os extratos bancários

Além de controlar as suas grandes e pequenas despesas com anotações manuais, é fundamental que você faça o mesmo com a sua conta bancária. Afinal, grande parte dessas movimentações estará refletida no seu extrato bancário.

Quando converso com meus alunos em sala de aula, percebo outra coisa muito curiosa. A maior parte das pessoas não sabe ler o extrato bancário ou parece não entender o que está descrito nele. Isso acontece em decorrência de uma "pegadinha" que muitos bancos utilizam na hora de formatar as informações aos clientes.

Estou me referindo aos extratos em que consta a expressão "limite disponível" por escrito. Esse termo cria uma confusão na cabeça das pessoas e dá a impressão de que o valor ali descrito faz parte dos seus rendimentos; porém, somente parte da quantia citada é realmente de propriedade do correntista.

Quando você checa o seu saldo na tela do computador ou do caixa eletrônico, seus olhos saltam para o tal "limite disponível", quando na verdade a sua atenção deveria se concentrar no que alguns bancos chamam de "limite disponível para investimento".

Esse termo é o que corresponde ao seu dinheiro real que está, como a própria expressão afirma, disponível para que você invista, seja no pagamento de suas contas, na compra de algum bem essencial, em algum presente que você queira dar a si mesmo ou a alguém, etc.

Por isso, daqui pra frente, leia o seu extrato bancário com calma e compreenda o que está sendo informado ali. Se achar necessário, imprima-o uma vez por semana e anote em azul "meu dinheiro", onde consta o seu saldo real, não se esquecendo de escrever em vermelho "dinheiro do banco" ao lado do valor que corresponde ao limite do cheque especial.

Por mais tentador que seja, é vital que você entenda que não pode usar o limite disponível na sua conta bancária como se fosse uma renda extra no seu orçamento. Muitas pessoas caem nessa cilada, desesperadas por cobrir as últimas despesas de determinado período, quando o dinheiro de verdade já acabou e o mês ainda não.

Quando o seu dinheiro acaba antes do final do mês, é sinal de que você gastou mais do que podia. Portanto, muito cuidado nesse período, pois ao ver o extrato bancário, o seu inconsciente poderá lhe enganar e fazer com que seus olhos brilhem mirando o tal "limite disponível", que, como já vimos, é uma tremenda "ilusão de óptica". O ideal é evitar usar o limite do cheque especial ou, se possível, nem tê-lo.

Em busca do equilíbrio

Compartilhe a sua experiência.

Corte os pequenos gastos.

Identifique seu padrão de vida.

Consumo consciente.

Compartilhe a sua experiência

Assim como em outros aspectos da vida, quando nos dispomos a realizar alguma mudança, e conseguimos, nosso desejo é contar a experiência para todo mundo, dividir a alegria da conquista e tentar convencer as pessoas de que, se você conseguiu, ela também deveria tentar.

É assim com quem para de fumar, muda o padrão alimentar e emagrece, enfim, somos tentados a compartilhar as boas-novas. Com a educação financeira não é diferente. Tanto que é comum recebermos de amigos, vizinhos e familiares dicas de supermercados que vendem mais barato, de lojas que estão fazendo promoção, de endereços de pontas de estoque, etc.

Por isso, caso esteja vivendo uma mudança de comportamento em busca do equilíbrio financeiro, você pode ser tomado por uma grande vontade de dividir o que está vivendo com seus amigos ou familiares e até de incentivá-los a fazer o mesmo.

Se isso ocorrer, e você sentir que há disposição de alguns em ouvir sua experiência, organize uma reunião, compartilhe com sua família os dados do seu apontamento. Assim, eles também tomarão consciência da tuação e, quem sabe, todos possam descobrir juntos outras formas de reduzir os gastos.

Mas, se ocorrer o contrário, ou seja, se eles resistirem e não se mostrarem dispostos a ouvir ou somar esforços, é melhor não insistir e dar tempo ao tempo. Caso arque com despesas relacionadas a membros da família, no entanto, anote-as detalhadamente. No futuro, pode ser que, ao mostrar a eles o quanto desembolsou a título de mesada ou dentista, por exemplo, ou de qualquer outra despesa, eles finalmente se conscientizem de que, unidos, fica mais fácil chegar aonde se quer.

Independentemente do apoio, dê sequência ao seu processo, anotando todas as despesas, das fixas às que aparentemente são irrelevantes. Com isso, logo nas primeiras semanas já será possível ter uma visão ampla dos gastos e, ao final de um mês, você poderá refletir sobre eles e sobre as atitudes que podem ser adotadas para colocar os números nos trilhos. Veja no exemplo a seguir como podem ficar suas anotações, considerando os gastos mensais mais detalhados.

Em busca do equilíbrio

DESCRIÇÃO DAS DESPESAS		VALORES (R$)
RESIDÊNCIA	Água	60,00
	Energia elétrica	70,00
	Telefone	95,00
	Mercado	330,00
	Manutenção	40,00
PESSOAL	Transporte	170,00
	Medicamento	35,00
	Convênio médico	90,00
INSTRUÇÃO	Faculdade	450,00
	Cursos de idiomas	110,00
	Material escolar, xerox, etc.	15,00
OUTRAS	Lanches	55,00
	Roupas e calçados	150,00
	Cosméticos, cabeleireiros, etc.	80,00
	Diversão e lazer	120,00
	Gorjetas	20,00
	Almoço, lanche, café, etc.	40,00
(-) TOTAL DE DESPESAS		1.930,00
TOTAL DE RECEITAS		1.800,00
PADRÃO DE VIDA (-) DESPESAS		**- 130,00**

Percebe como, ao retratar mais fielmente as despesas e separá-las por categoria, o panorama fica diferente do retratado na tabela da página 32? Entender onde e como você gasta o seu dinheiro, ou seja, fazer o diagnóstico, é importante justamente por isso: revelar o que antes ficava escondido.

Corte os pequenos gastos

Diante dessas cifras, você deve ter em mente que o equilíbrio financeiro só pode ser alcançado com a redução dos pequenos gastos. Assim, ao mesmo tempo que estiver alimentando o seu "Apontamento de Despesas", você já pode ir refletindo sobre sua vida e seu padrão de consumo.

Isso é o que eu chamo de "consciência emocional". Ao entrar em contato com ela, automaticamente você começa a modificar a forma como lida com o seu dinheiro. Mais do que isso: você terá uma visão mais clara sobre as motivações e os impulsos que estão por trás do seu padrão de consumo.

Você pode até achar que não há muito para ser cortado nas suas despesas. Mas, ao fazer o diagnóstico, terá uma visão mais estreita e perceberá que muita coisa é consumida até sem perceber, de forma automática. É o caso da energia elétrica e da água em um banho mais demorado, das taxas de conveniência pagas ao adquirir ingressos por telefone, do pacote de salgadinhos devorado para "enganar a fome" até a hora do almoço, etc.

Isso sem contar que você pode reconsiderar despesas com serviços que talvez nem sejam tão úteis assim, como

TV a cabo. Você realmente passa tanto tempo assistindo à televisão que justifique pagar a assinatura? E o plano de celular? Ele tem mesmo de incluir serviços mais sofisticados? Não dá pra passar sem isso?

Pois bem, de volta ao "Apontamento de Despesas", aqui vai um alerta importante: ele deve ser feito por apenas 30, 60 ou, no máximo, 90 dias, de acordo com o seu tipo de rendimento: fixo ou variável. Isso porque ele é apenas um diagnóstico que vai mostrar uma realidade que deve ser modificada, e não um processo.

Ou seja, você não deve ficar escravo dessas anotações. Mas você pode, no entanto, repetir esse procedimento anualmente ou quando ocorrer alguma mudança brusca em sua vida financeira que exija um novo olhar para a situação.

Identifique seu padrão de vida

Independentemente da classe social na qual se enquadra, você sempre deve ter em mente que precisa aprender a viver de acordo com o que ganha. Isso significa que, se você está endividado, provavelmente vive fora de suas possibilidades, ou seja, de seu padrão de consumo.

Infelizmente isso não ocorre apenas com você, mas com muitas outras pessoas que preferem viver de aparências. Quem não conhece alguém que adora contar vantagens, sustenta um "ar de superior", mas está falido e cheio de dívidas?

Como já dissemos, o importante é que cada um viva de acordo com a sua realidade e planeje para si sonhos mais consistentes. Identificar se você está realmente fazendo isso é simples.

Basta se perguntar: "Com os meus rendimentos, eu consigo honrar todos os compromissos do mês ou sempre falta dinheiro?"; "Minhas despesas com a escola dos meus filhos, com lazer e vestuário, por exemplo, são pagas de forma tranquila ou eu preciso fazer "malabarismos" para dar conta delas e viver de acordo com o nível de consumo das pessoas com as quais convivo?".

É importante ser sincero nessas respostas porque elas podem indicar que você tenta viver sob um padrão de consumo que não corresponde aos seus rendimentos. Muita gente vive assim, sempre na corda bamba, tentando se equilibrar financeiramente e, às vezes, chegando a uma situação insustentável.

O que precisamos é aprender a dimensionar melhor nossas escolhas. Nesse caso, uma boa análise é: "Será que às vezes nos contentamos com pouco e deixamos até de desejar algo melhor?" ou "será que fazemos escolhas erradas justamente por achar que merecemos mais naquele momento?".

Ao avaliar nossa relação com o dinheiro, é muito importante verificar quais hábitos de consumo são de fato necessários e quais são dispensáveis. Esse é um exercício que não podemos deixar de fazer sincera e intimamente.

Consumo consciente

Consumir de forma consciente significa não sucumbir às tentações que o mercado nos oferece. Separei a seguir alguns dos recursos usados pelo comércio em geral para nos fazer comprar coisas muitas vezes desnecessárias e de que não precisamos, e às quais devemos resistir.

Cuidado com o "Pague 1 e leve 2"

A ideia de ter algo gratuito é muito forte quando estamos decidindo uma compra e pode nos levar a comprar mais do que precisamos. Por exemplo: você vê num site que levando mais de um livro o frete é grátis, e acaba comprando algo de que nem precisa somente para não ter de pagar o frete – e, às vezes, o preço do livro é muito maior do que o valor do frete. Você já havia pensado nisso? Pois então não se esqueça desse ensinamento e reflita muito bem antes de sucumbir à tentação.

Com alimentos é a mesma coisa: os supermercados fazem promoções de alimentos que estão prestes a vencer. E aí você acaba comprando um monte de comida que não vai conseguir consumir antes do vencimento, jogando dinheiro fora.

Pense antes de comprar

A dica parece lógica, mas muitas vezes acabamos tomando decisões baseadas no "calor do momento" e que nos prejudicam mais tarde. Financiamentos são um bom exemplo, pois damos mais atenção ao valor das prestações – e se conseguirmos pagá-las com o salário atual – do que ao valor final, com os juros e a correção monetária.

Quem compra um imóvel a prazo sempre diz que é um investimento, pois está morando no que é dele. Mas pense bem: você quer comprar um imóvel de R$ 100 mil, com parcelas de R$ 500,00, que cabem no seu orçamento. Mas não percebe que, depois de 30 anos, acabará pagando R$ 350 mil pelo mesmo imóvel, ou seja, mais que o triplo do valor inicial. E então, ainda acha que esse é um bom negócio?

Atenção aos gastos "invisíveis"

Já falamos aqui sobre como você pode acabar gastando mais do que deveria com pequenas coisas do dia a dia, como cafezinhos após o almoço, e depois não saber para onde foi todo aquele dinheiro, por se tratar de coisas "baratinhas". Mas é importante também pensar nos gastos que você terá quando adquire um produto ou bem. Por exemplo: quando você compra um apartamento, não terá apenas a prestação para pagar. Pense que haverá custos com a reforma, se necessária, móveis, eletrodomésticos essenciais como geladeira, fogão e micro-ondas, além do condomínio e do IPTU.

E, dependendo do bairro onde você for morar, seu custo de vida pode subir, mesmo que você continue comprando as mesmas coisas. A variação do custo de vida de um bairro para outro pode variar até 50%, o que compromete bastante seu orçamento se você não estiver contando com isso.

Compro, logo devo

Pense sempre nessa frase antes de comprar alguma coisa que não seja um bem de valor, como uma casa ou um carro. Um exemplo: você viajou de férias com a sua família e acabou exagerando nas compras com cartão de crédito. Quando chega a fatura em casa, você acaba jogando-a no rotativo para não atrasar a prestação da casa, mas acaba pagando juros muito mais altos. Assim, da próxima vez que for comprar algo por impulso, pare para pensar e veja se aquilo não pode te dar mais dores de cabeça no futuro do que prazer no momento.

Esses exemplos que apresentei são para que você reflita e aprenda a viver de acordo com os seus rendimentos. Aliás, o ideal seria começar por gastar de 70% a no máximo 90% de suas receitas.

Vamos a um exemplo: se o seu salário líquido é de R$ 1.800,00, o ideal é que a soma de seus gastos não ultrapasse R$ 1.620,00. Ou seja, um importante passo para conquistar o equilíbrio financeiro é reter no mínimo 10% dos rendimentos antes mesmo de pagar as contas ou gastar. Esse valor será a reserva que garantirá sua independência financeira no futuro. A lógica é a seguinte:

TOTAL DE RECEITAS LÍQUIDAS	R$ 1.800,00
(-) TOTAL DE RETENÇÃO (%)	10%
= SALDO PARA ADEQUAÇÃO DO PADRÃO DE VIDA	R$ 1.620,00

Essa recomendação de que você deve viver com menos do que imagina pode assustar, eu sei. Você pode estar pensando: "Mas eu já vivo tão apertado que, se tirar uma parte, vou ficar sem comer" ou "tenho tão poucos prazeres e, mesmo assim, vou ter de abrir mão deles?".

As respostas a essas perguntas dependerão do seu diagnóstico financeiro, aquele que você fez a partir das anotações de todas as suas despesas, grandes e pequenas, no decorrer de um mês. Por isso aquela prática é tão importante: para saber qual é o caminho do seu dinheiro.

Nessa nova etapa rumo à conquista do equilíbrio financeiro, a ideia é que você descubra qual é o seu padrão de consumo e reflita sobre seus hábitos. Certamente você identificará a necessidade de mudanças e adequação de seu jeito de consumir aos seus rendimentos. Somente dessa forma conseguirá mudar o seu perfil de devedor para poupador.

O mapa da mina

Considere sempre a sua realidade.

Reavalie o seu trabalho.

Preparado para o futuro.

Considere sempre a sua realidade

Muitas pessoas cometem o erro de definir seu padrão de vida apenas a partir de cifras, sem considerar outras particularidades. Vamos a um exemplo: duas pessoas trabalham na mesma empresa e recebem o mesmo salário, de R$ 3.000,00.

Uma delas é solteira, não tem filhos e mora com os pais. Ela decide comprar um carro zero e, para isso, assume prestações que comprometem um terço do seu salário. A outra pessoa entende que, como ganha o mesmo salário, também pode fazer o mesmo gasto e viver no mesmo patamar de consumo. Acontece que ela é casada, tem um filho e paga aluguel.

Ou seja, ainda que receba o mesmo salário do colega, não pode comprometer um terço de sua renda, pois, se fizer isso, sucumbir ao desejo de também adquirir o automóvel, estará falida em pouco tempo. Essa segunda pessoa pode, sim, comprar o carro. Mas terá de fazer seu próprio planejamento, que é diferente do que foi feito pelo seu colega.

Esse exemplo mostra claramente que não é apenas o quanto você ganha que define o modo de vida que pode ter, mas sim o quanto o seu padrão de consumo afeta, de forma positiva ou negativa, sua vida financeira. Viver um padrão de vida um pouco inferior ao que sua renda permite é a chave para um futuro próspero, que, por sua vez, depende de você conseguir manter sempre uma reserva financeira.

Afinal, quem não prefere viver no equilíbrio e na tranquilidade do que sobressaltado pelas dificuldades financeiras? E isso não está relacionado apenas a dinheiro. Equilíbrio das finanças significa paz de espírito. Não é à toa que ouvimos pessoas dizendo que não dormem à noite, se remoendo na cama pensando nas dívidas e nas formas de sair do enrosco em que se meteram.

Para estar em paz e viver em equilíbrio é preciso manter as energias sempre circulando, o que significa se renovar, ter ideias, ir à luta. É por isso que se costuma dizer que "dinheiro atrai dinheiro". As pessoas que têm dinheiro estão sempre em busca de mantê-lo e ampliá-lo porque se sentem seguras e amparadas com suas reservas. Assim, ousam mais, estão sempre atentas a novas oportunidades.

Ter dinheiro é ainda uma questão de autoconhecimento. Isso porque uma pessoa que não sabe quem é, quais são as suas potencialidades, o que quer da vida e aonde quer chegar dificilmente conseguirá atingir o sucesso financeiro.

Quando falamos em ter dinheiro para realizar os sonhos, percebemos o quanto é importante conhecer o seu "eu" financeiro, o seu perfil, e ser sincero na forma como o seu comportamento vem definindo suas escolhas. É preciso fazer cortes para conquistar grandes realizações.

Nesse sentido, volto a afirmar, o difícil é resistir aos apelos de consumo. Mesmo que você não seja assim, ao menos deve conhecer alguém que vive trocando dinheiro por coisas, não é mesmo? No final, essas pessoas têm uma casa entulhada de todo tipo de objeto – muitos deles inúteis – e estão sempre sem dinheiro.

Com a possibilidade de comprar pela internet e pelo telefone, a partir de anúncios de produtos na TV, essa prática se tornou ainda mais frequente. Pior ainda é comprar produtos que às vezes nem serão úteis ou fazer isso sem critério, sem se preocupar, por exemplo, em calcular os juros que estão embutidos nas prestações.

Isso é tão real que grande parte dos consumidores olha primeiro as parcelas e depois os juros, ou seja, muitos dão prioridade ao valor das parcelas quando vão fazer um financiamento, e outra parcela significativa olha em primeiro lugar o número de prestações. Os juros fazem parte da preocupação de pouquíssimas pessoas.

Reavalie o seu trabalho

O seu trabalho, ou seja, a ocupação que garante o seu sustento e o de sua família, também afeta, de forma positiva ou negativa, sua vida financeira. É importante considerarmos que o alto índice de sucesso na profissão, segundo pesquisas, ocorre entre pessoas que trabalham com aquilo de que gostam.

Costumo dizer nos meus cursos que quando a pessoa faz algo que lhe dá prazer, a chance de se tornar bem-sucedida, seja na carreira, seja na vida financeira, é muito maior. Portanto, é vital que você reavalie a sua posição profissional e se pergunte francamente se está feliz com o que faz e se tem dado o melhor de si. Quanto maior for a sua dedicação, é natural que a sua renda aumente com o avanço de cada conquista.

Partindo do princípio de que todo ser humano possui habilidades especiais, podemos concluir que, a partir delas, somos capazes de produzir trabalho e gerar renda. Chamo de habilidades especiais aquelas atividades que temos mais facilidade de realizar.

Há pessoas que têm facilidade com números, enquanto outras possuem o dom das artes. Existem ainda aquelas que parecem se conectar de um jeito especial com os animais e outras que dominam o trabalho com as mãos, elaborando engenhosos objetos artesanais.

Enfim, as habilidades de cada ser humano são infinitas. A partir disso, muitas pessoas acabam escolhendo seu ramo profissional e desenvolvem ainda mais suas aptidões baseadas nesses dons. No entanto, existem pessoas que parecem não ter descoberto ainda para quais trabalhos possuem habilidades, ou até já descobriram, mas perceberam tardiamente e receiam abandonar suas carreiras atuais para começar tudo de novo.

Para os que hoje se encontram em uma posição profissional desconfortável e sonham em trabalhar com outras coisas, eu recomendo que tenham a coragem de "virar a mesa". Recomeçar, muitas vezes, é dar um novo frescor para os seus dias e apostar naquilo com que você sonha. Tudo se renova quando nos propomos a seguir um novo caminho.

Portanto, se estiver insatisfeito com a carreira em que está imerso hoje, mexa-se! Faça uma profunda reflexão sobre as coisas que gostaria de fazer, lembrando que muitas delas você já deve ter como um hobby. Escolha a que melhor se encaixa nas suas condições de vida e permita-se experimentar o novo. Tente fazer um curso técnico que lhe dê um mínimo de qualificação e inicie, gradualmente, a execução de uma atividade paralela ao seu trabalho.

Para aqueles que já estão na profissão certa, mas se consideram mal remunerados, é importante perceber quando é a hora de tomar uma atitude. Afinal, você merece ganhar um valor justo pelo trabalho que executa. Uma das maneiras de lutar por isso é investir em cursos que o tornem mais capacitado, visando a uma promoção ou transferência de setor.

Se você já fez isso e de nada adiantou, pense na possibilidade de se recolocar no mercado de trabalho. Isso mesmo! Revise o seu currículo, cadastre-se em agências de emprego, fique de olho nos anúncios, candidate-se a vagas em outras empresas, faça entrevistas, enfim, corra atrás do que você merece.

Não se acomode num mesmo cargo ou empresa, por anos e anos, se isso lhe deixa sempre com a sensação de que é um profissional desvalorizado, que não recebe o que considera merecer. Dê um passo à frente, adiante-se, seja qual for o seu caso. Somente investindo e focando na sua vida profissional, você terá condições de obter maiores rendimentos para acelerar o êxito na sua vida financeira. Como diz o ditado: "O trabalho dignifica o homem". Não conheço ninguém que ficou rico sem suar a camisa, portanto, arregace as mangas!

Lembre-se de que todo mundo tem um dom e ele poderá levá-lo a uma vida muito mais feliz e confortável se for bem desenvolvido. Sem esforço e sacrifício advindos do trabalho, nenhum ser humano monta um império. Portanto, tendo isso como princípio, reavalie como está a relação com o seu emprego atual e com outras eventuais atividades que lhe gerem rendimentos.

Pense em ideias que possam acrescentar conquistas à sua carreira e monte um plano para colocá-las em prática. Dessa forma, você estará colaborando não só para a realização dos seus sonhos, mas também para a felicidade diária de trabalhar com aquilo de que gosta.

Preparado para o futuro

Como abordei neste livro, o ciclo do equilíbrio financeiro começa com a fase de conscientização, ou seja, a necessidade de fazer o diagnóstico da sua vida financeira e do seu padrão de consumo. Mas esse é apenas um dos passos em direção ao equilíbrio.

Conhecendo qual é o seu "eu" financeiro, é possível avançar para a fase da motivação, ou seja, de identificar os sonhos – de curto, médio e longo prazos – com tudo o que o dinheiro pode comprar. E, por consequência, se planejar para realizá-los. Isso porque os sonhos são a grande motivação para todas as nossas transformações.

O ciclo de autoconhecimento financeiro passa ainda pela fase de equilíbrio, que significa orçar, ou seja, quantificar os sonhos e priorizá-los, registrando seu ganho, subtraindo o valor necessário para a sua realização e adequando as despesas do saldo restante.

Finalmente, vem a etapa da perseverança, que nada mais é do que poupar. Isso inclui pensar mais no futuro, em como você poderá viver com saúde financeira depois que parar de trabalhar. Sim, porque a expectativa de vida das pessoas vem sendo aumentada nos últimos anos e pode ser que muitos de nós cheguemos a viver 100 anos. Você já pensou em como irá se sustentar se isso acontecer?

Alcançar hoje o equilíbrio financeiro necessário para viver bem o presente e também o futuro é possível e muitas pessoas já comprovaram a validade dessa experiência. Eu mesmo já percorri essa jornada em minha vida e sei que sempre é possível afastar as dificuldades e os obstáculos que estiverem no caminho, sejam eles materiais ou psicológicos.

Agora chegou a sua vez! Que tal abandonar o comportamento comodista de esperar que alguém resolva os seus problemas e tomar as rédeas da sua vida financeira? Isso não depende de nenhuma mágica, mas apenas de atitude, disciplina e perseverança!

É tudo uma questão de querer de fato e de fazer o que é preciso para chegar lá. Tudo depende do tamanho do esforço que você está disposto a fazer. Eu acredito que você pode. Boa sorte!

DSOP
Educação
Financeira

Disseminar o conceito de Educação Financeira, contribuindo para a criação de uma nova geração de pessoas financeiramente independentes. A partir desse objetivo foi criada, em 2008, a DSOP Educação Financeira.

Presidida pelo educador e terapeuta financeiro Reinaldo Domingos, a DSOP Educação Financeira oferece uma série de produtos e serviços sob medida para pessoas, empresas e instituições de ensino interessadas em aplicar e consolidar o conhecimento sobre Educação Financeira.

São cursos, seminários, workshops, palestras, formação de educadores financeiros, capacitação de professores, pós-graduação em Educação Financeira e Coaching, licenciamento da marca DSOP por meio da rede de educadores DSOP e Franquia DSOP. Cada um dos produtos foi desenvolvido para atender às diferentes necessidades dos diversos públicos, de forma integrada e consistente.

Todo o conteúdo educacional disseminado pela DSOP Educação Financeira segue as diretrizes da Metodologia DSOP, concebida a partir de uma abordagem comportamental em relação ao tema finanças.

No portal DSOP Educação Financeira (www.dsop.com.br) você encontra mais informações sobre a Metodologia DSOP, simulações, testes, apontamentos, orçamentos e planilhas eletrônicas.

Reinaldo Domingos

Reinaldo Domingos é professor, educador e terapeuta financeiro, presidente e fundador da DSOP Educação Financeira e da ABEFIN – Associação Brasileira dos Educadores Financeiros. Publicou os livros Terapia Financeira; Eu Mereço Ter Dinheiro; Livre-se das Dívidas; Ter Dinheiro não tem Segredo; O Menino do Dinheiro – Sonhos de Família; O Menino do Dinheiro – Vai à Escola; O Menino do Dinheiro – Ação entre Amigos; O Menino e o Dinheiro; O Menino, o Dinheiro e os Três Cofrinhos; e O Menino, o Dinheiro e a Formigarra.

Em 2009, idealizou a primeira Coleção Didática de Educação Financeira para o Ensino Básico do Brasil, já adotada por diversas escolas brasileiras.

Em 2012, criou o primeiro Programa de Educação Financeira para Jovens Aprendizes, já adotado por diversas entidades de ensino profissionalizante, e lançou o primeiro Programa de Educação Financeira para o Ensino de Jovens e Adultos – EJA.

Contatos do Autor

No portal DSOP de Educação Financeira (www.dsop.com.br) você encontra todas as simulações, testes, apontamentos, orçamentos e planilhas eletrônicas.

Contatos do autor:
reinaldo.domingos@dsop.com.br
www.dsop.com.br
www.editoradsop.com.br
www.reinaldodomingos.com.br
www.twitter.com/reinaldodsop
www.twitter.com/institutodsop
www.facebook.com/reinaldodomingos
www.facebook.com/DSOPEducacaoFinanceira
www.facebook.com/editoradsop
Fone: 55 11 3177-7800